AF257446

RÈGLEMENT DU 10 JUILLET 1897

SERVICE INTERIEUR

GARDE RÉPUBLICAINE

PARIS

LÉAUTEY, Imprimeur-Libraire de la Gendarmerie

24, Rue Saint-Guillaume, 24

TABLE DES TITRES ET ARTICLES

OFFICIERS DE COMPAGNIE ET D'ESCADRON.

CAPITAINES,

LIEUTENANTS ET SOUS-LIEUTENANTS

ADJUDANTS.

ADJUDANTS DE BATAILLON OU DE DEMI-RÉGIMENT.

ADJUDANTS DE CASERNE.

GARDES.

DEVOIRS GÉNÉRAUX ET COMMUNS AUX DIVERS GRADES.

INCENDIES ET SINISTRES.

INSTRUCTION.

SERVICE DES ÉCOLES.

ESCRIME.

TENUE, PAQUETAGE.

PUNITIONS.

CANTINES, PENSIONS, RÉFECTOIRES.

PRINCIPES GÉNÉRAUX
DE LA SUBORDINATION

La discipline (1) faisant la force principale des armées, il importe que tout supérieur obtienne de ses subordonnés une obéissance entière et une soumission de tous les instants ; que les ordres soient exécutés littéralement, sans hésitation ni murmure ; l'autorité qui les donne en est responsable, et la réclamation n'est permise à l'inférieur que lorsqu'il a obéi.

Si l'intérêt du service veut que la discipline soit ferme, il veut en même temps qu'elle soit paternelle. Toute rigueur qui n'est pas de nécessité, toute punition qui n'est pas déterminée par le règlement, ou que ferait prononcer un sentiment autre que celui du devoir ; tout acte, tout geste, tout propos outrageant d'un supérieur envers son subordonné, sont sévèrement interdits.

Les membres de la hiérarchie militaire, à quelque degré qu'ils soient placés, doivent traiter leurs inférieurs avec bonté, être pour eux des guides bienveillants, leur porter tout l'intérêt et avoir envers eux tous les égards dus à des hommes dont le courage, l'abnégation et le dévouement intelligent assure le maintien de l'ordre et l'exécution des lois.

La subordination doit avoir lieu rigoureusement de grade à grade ; l'exacte observation des règles qui la garantissent, en écartant l'arbitraire, doit maintenir chacun dans ses droits comme dans ses devoirs.

Le garde doit obéir au brigadier ;
Le brigadier au maréchal des logis ;
Le maréchal des logis au maréchal des logis chef ;
Le maréchal des logis chef à l'adjudant ;

---

(1) Tout individu qui, soit dans les casernes ou autres établissements militaires, soit sur le terrain de manœuvres et autres lieux de réunion d'une troupe en service, sera surpris en flagrant délit de provocation à l'indiscipline par l'un des moyens prévus aux articles 23 et 25 de la loi du 12 décembre 1893, augmentant les pénalités édictées par la loi du 29 juillet 1881, c'est-à-dire par discours, cris ou menaces proférés dans des lieux ou réunions publics, écrits, imprimés, vendus ou distribués, mis en vente ou exposés dans des lieux ou réunions publics, placards, affiches exposés au regard du public, devra être immédiatement appréhendé et remis à la gendarmerie, pour être conduit au procureur de la République, comme le prescrit l'article 1er de la loi du 20 mai 1863. (Circ. minist. du 8 février 1894.)

L'adjudant au sous-lieutenant ;
Le sous-lieutenant au lieutenant ;
Le lieutenant au capitaine ;
Le capitaine au chef d'escadron ;
Le chef d'escadron au lieutenant-colonel ;
Le lieutenant-colonel au colonel ;
Le colonel au général de brigade ;
Le général de brigade au général de division ;
Le général de division au général de division commandant le corps d'armée et au maréchal de France.
Le ministre de la guerre est le chef de l'armée.

Indépendamment de cette subordination du grade, la discipline exige, à grade égal, la subordination à l'ancienneté, en tout ce qui concerne le service général et l'ordre public. Ainsi, plusieurs militaires du même grade, de service ensemble, qu'ils soient ou non du même corps et de la même arme, doivent obéissance au plus ancien d'entre eux, comme s'il était leur supérieur en grade. Toutefois, si le commandement d'un ou de plusieurs détachements effectuant un service municipal appartient à un officier d'une autre arme, celui-ci est obligé de se conformer aux réquisitions qui lui sont faites par écrit par l'officier de la garde républicaine, lequel demeure responsable de l'exécution de son mandat lorsque l'officier auxiliaire s'est conformé à sa réquisition.

A égalité d'ancienneté de grade, le droit au commandement est déterminé par l'ancienneté dans le grade immédiatement inférieur ; à égalité d'ancienneté dans le grade immédiatement inférieur par l'ancienneté dans le grade précédent, et ainsi de suite jusqu'au grade de brigadier.

Entre gardes, le commandement est exercé par le plus ancien de service dans la garde républicaine ; à égalité d'ancienneté, par le plus ancien de service dans l'armée.

Tout militaire exerçant, provisoirement ou par intérim, les fonctions d'un grade supérieur au sien se trouve investi, à l'égard de la troupe près de laquelle il les exerce, de tous les droits et de toute la responsabilité du titulaire, sauf les restrictions indiquées par le règlement sur le service intérieur.

MARQUES EXTÉRIEURES DE RESPECT.

Devoirs généraux. — Les militaires de la garde républicaine doivent, en toute circonstance, soit de jour, soit de nuit, même hors du service, déférence et respect aux titulaires des grades supérieurs à ceux dont ils sont revêtus.

En raison de la spécialité de leur service et de leur position militaire exceptionnelle, les gardes républicains ne doivent pas le salut aux sous-officiers des autres armes. Toutefois, les militaires de la garde non décorés ou médaillés doivent saluer les militaires des autres armes du même grade qu'eux et du grade supérieur, qui sont décorés ou médaillés. Ils doivent, par contre, être salués dans les même conditions, s'ils sont décorés ou médaillés.

Les militaires des différents corps de l'armée doivent le salut à ceux de la garde toutes les fois que ceux-ci portent les marques distinctives d'un grade supérieur au leur.

L'inférieur prévient le supérieur en le saluant; le supérieur rend le salut. A grade égal, les militaires échangent le salut.

Les militaires de tous grades, appartenant à la réserve ou à l'armée territoriale, ont les devoirs et les droits communs à tous les militaires de leur arme, dans toutes les circonstances où ils portent l'uniforme.

Pour les honneurs à rendre, on se conforme au décret du 4 octobre 1891 sur le service des places.

Forme du salut. — Le salut militaire, à pied ou à cheval, quel que soit le grade, consiste à porter la main droite ouverte au côté droit de la visière ou en avant de la corne du chapeau, la main dans le prolongement de l'avant-bras, les doigts étendus et joints, le pouce réuni aux autres doigts, la paume de la main en avant, le bras sensiblement horizontal et dans l'alignement des épaules, en regardant la personne qu'on salue.

L'attitude du salut est prise ou quittée d'un geste vif et décidé, mais sans brusquerie ni raideur.

Tout sous-officier, brigadier ou garde qui est de pied ferme prend, pour saluer, la position du cavalier à pied et se tourne du côté du supérieur; s'il est assis, il se lève pour saluer; s'il croise un supérieur, il le salue quand il en est à six pas, et continue à marcher en conservant l'attitude du salut jusqu'à ce qu'il l'ait dépassé; s'il marche derrière lui et le dépasse, il le salue en arrivant à sa hauteur, et conserve l'attitude du salut jusqu'à ce qu'il l'ait dépassé.

Le salut ne se renouvelle pas dans une promenade ou dans tout autre lieu public.

Les sous-officiers, brigadiers et gardes ne se découvrent que lorsque le supérieur les y autorise.

Tout militaire qui parle à un supérieur le salue et prend une attitude militaire.

Tout militaire qui passe devant un drapeau ou étendard de régiment salue sans s'arrêter.

Tout sous-officier, brigadier ou garde, armé de la carabine ou ayant le sabre à la main, qui parle à un officier, porte ou présente l'arme, suivant le grade : s'il passe près d'un officier, devant un drapeau ou un étendard de régiment, il porte l'arme sans s'arrêter.

Salut a l'égard des fonctionnaires et employés militaires. — Les fonctionnaires et employés militaires doivent le salut et y ont droit, suivant leur rang hiérarchique ou suivant le rang dont ils ont les prérogatives ; à rang égal, le fonctionnaire ou l'employé militaire doit le premier le salut.

Les officiers de douaniers, les officiers de chasseurs forestiers et de pompiers en uniforme ont les mêmes droits et les mêmes devoirs, même hors le cas de convocation.

Les agents du Trésor, des postes, des télégraphes et des sections techniques de chemins de fer, convoqués pour un service militaire, ont les mêmes droits et les mêmes devoirs, suivant le rang qui leur est attribué.

Les militaires sont tenus de saluer les officiers des armées étrangères.

Ont également droit au salut, suivant l'ordre de préséance, les fonctionnaires civils revêtus de leurs insignes, savoir :

Les cardinaux, archevêques et évêques, les préfets, sous-préfets, secrétaires généraux, conseillers de préfecture, maires, commissaires de police, magistrats de tous ordres, y compris les présidents des tribunaux de commerce, lorsqu'ils sont revêtus de leurs insignes.

PLANTONS ET ORDONNANCES. — Les sous-officiers, les brigadiers et les gardes remettent les dépêches de la manière suivante :

S'ils sont armés de la carabine, ils s'arrêtent, portent l'arme, remettent la dépêche de la main gauche, se portent à six pas en arrière et attendent dans la position du cavalier reposé sur l'arme.

S'ils ne sont pas armés de la carabine, ils s'arrêtent, saluent, remettent la dépêche de la main gauche et vont attendre à six pas dans la position du cavalier à pied.

Si la dépêche est remise à un officier général ou supérieur, le planton présente l'arme, la contient de la main gauche, et remet la dépêche de la main droite.

Les ordonnances à cheval saluent et remettent ensuite la dépêche de la main droite.

APPELLATIONS. — Le supérieur parlant à un inférieur l'appelle par son grade, en ajoutant le nom s'il le juge à propos.

L'inférieur parlant à un supérieur l'appelle par son grade précédé du mot : « Mon ». Quand il s'adresse à un brigadier ou à un sous-officier autre qu'un adjudant, il l'appelle seulement par son grade.

Tout militaire s'adressant à un fonctionnaire ou à un employé militaire l'appelle par sa qualification, sans distinction de classe, précédée des mots : « Monsieur le ».

Le Ministre de la guerre, les maréchaux de France, le grand Chancelier de la Légion d'honneur, les gouverneurs militaires de Paris et de Lyon, les gouverneurs des places fortes, sont toujours désignés par leur titre précédé des mots : « Monsieur le ».

CORRESPONDANCE. — Dans la correspondance de service avec le Ministre de la guerre et les autorités militaires de tous grades, on se conforme aux modèles réglementaires (1), en supprimant tout préambule et en employant des termes courtois envers l'inférieur, respectueux envers le supérieur.

La correspondance se termine, sans aucune formule, par la signature.

Pour les appellations, on se conforme aux prescriptions de l'article précédent.

Mais pour la correspondance officielle avec les autorités administratives et judiciaires, on doit se servir des formules de salutation réglementées par le Ministre (2).

____

(1) Circulaire ministérielle du 28 mai 1880.
(2) Circulaire ministérielle du 28 février 1881.

RÈGLEMENT DU 10 JUILLET 1897

SUR LE

SERVICE INTÉRIEUR

DE LA

GARDE RÉPUBLICAINE

Le corps de la garde républicaine étant organisé régimentairement, les décrets du 20 octobre 1892 (infanterie et cavalerie) en règlent le service intérieur pour tous les détails compatibles avec le décret du 1er mars 1854, le règlement sur la solde et les revues du 30 décembre 1892, le règlement sur l'administration et la comptabilité du 12 avril 1893 et celui du 10 juillet 1897 sur le service intérieur de la gendarmerie départementale.

Le présent règlement ne mentionne donc que les dispositions spéciales à la garde républicaine, en raison de la composition mixte de ce corps et du service qu'il est appelé à faire dans Paris.

COLONEL.

Rapports du colonel avec les autorités militaires.

Art. 1er. Le colonel correspond, par l'intermédiaire du général commandant le département de la Seine, avec le Ministre de la guerre et le gouverneur militaire de Paris.

Rapports avec le préfet de police et les autorités civiles.

Art. 2. Le colonel défère aux réquisitions du préfet de police, fait exécuter les prescriptions et consignes que celui-ci lui transmet concernant les lois, règlements et ordonnances de police.

Le colonel est tenu de porter à la connaissance de ce haut fonctionnaire, tout ce qui intéresse l'ordre public, et l'informe de l'exécution des services municipaux.

Le droit de requérir la garde républicaine, qui est dévolu à certaines autorités civiles, n'est pas applicable aux services d'honneur ou de figuration dans les ministères et les fêtes publiques, etc.; toutes les demandes de cette nature doivent être adressées au gouverneur militaire de Paris.

Bureau de service.

Art. 3. Un bureau, dit de service, fonctionne à l'état-major de la légion sous l'autorité du colonel, pour l'expédition des ordres de service.

Établissement du tableau de travail.

Art. 4. Le tableau de travail, pour les deux armes, est arrêté par le colonel. Il est renouvelé aux époques ou des modifications deviennent nécessaires par suite des changements de saison ou de circonstances particulières.

Remplacement du colonel.

Art. 5. En cas d'absence ou d'empêchement, le colonel est suppléé par le plus ancien lieutenant-colonel.

Réunion du corps d'officiers.

Art. 6. Toutes les fois que le corps d'officiers s'assemble, les officiers sont groupés et rangés dans l'ordre des numéros des bataillons et des escadrons auxquels ils appartiennent; l'état-major à la droite; un intervalle de deux pas sépare chaque groupe (état-major, bataillons, demi-régiments); les rangs sont à un pas de distance.

Etat-major. 1er *rang.* — Capitaine instructeur, capitaine trésorier, capitaine d'habillement, médecins-majors de 2e classe, pharmacien-major de 2e classe, vétérinaire en 1er, chef de musique.

2e *rang.* — Adjoint au trésorier, médecin aide-major, vétérinaires en second.

Le chef d'escadron-major est à deux pas en avant des officiers comptables, le médecin-major de 1re classe à deux pas en avant des médecins.

Bataillons. 1er *rang.* — Capitaines dans l'ordre en ligne de leur compagnie, l'adjudant-major à la droite des capitaines.

2e et 3e *rangs.* — Les lieutenants et sous-lieutenants par ancienneté, en file derrière leur capitaine.

Les chefs d'escadron commandant les bataillons, à deux pas en avant du centre des officiers de leur bataillon.

Demi-régiment, 1er *rang.* — Capitaines, l'adjudant-major à la droite des capitaines du demi-régiment auquel il appartient.

Rangs suivants. — Les lieutenants et sous-lieutenants par ancienneté en file derrière leur capitaine.

Les chefs d'escadrons sont à deux pas en avant des officiers de leurs escadrons.

Chaque lieutenant-colonel, à deux pas en avant de ses chefs d'escadron.

Le colonel est au centre, à deux pas en avant des lieutenants-colonels.

LIEUTENANTS-COLONELS.

Attributions.

Art. 7. Chaque lieutenant-colonel dirige, sous l'autorité du colonel, le régiment de son arme.

Il est responsable envers le chef de légion, de l'instruction du service, de la discipline, de l'hygiène et de la tenue.

Les lieutenants-colonels soumettent directement, au colonel, les questions de service concernant leur régiment.

Ils se rendent, chaque samedi, au rapport du chef de légion.

. Ils visitent de temps à autre les casernes, afin de s'assurer de leur tenue et de vérifier les détails du service de semaine.

Registres.

Art. 8. Chaque lieutenant-colonel tient les feuillets du personnel de ses officiers, en se conformant aux prescriptions des décrets du 20 octobre 1892, sur le service intérieur des troupes (Infanterie et Cavalerie), modifiés par le décret du 14 octobre 1895.

Il exige que les registres d'ordres des fractions de son arme soient tenus et signés réglementairement, et s'assure de la régularité des inscriptions portées sur les registres des adjudants et maréchaux des logis de semaine et sur ceux des adjudants de caserne.

Visite des postes.

Art. 9. Les lieutenants-colonels inspectent inopinément les postes occupés par leur régiment. Ils s'assurent que les officiers de visite surveillent la bonne tenue des hommes et l'entretien des postes ; que les diverses administrations n'exigent, des gardes de service, aucune mission qui ne soit prévue dans les consignes établies par l'autorité civile de concert avec le commandement.

Ils peuvent déléguer, à cet effet, les chefs d'escadron sous leurs ordres.

Service de détachement.

Art. 10. Les lieutenants-colonels ne sont désignés pour commander un détachement, que lorsque sa force ou l'importance de la mission à remplir l'exige ; dans ce cas, ils sont accompagnés par un adjudant-major de leur arme si les conditions du service le permettent, et à défaut par un capitaine faisant fonctions.

CHEFS D'ESCADRON.

Attributions.

Art, 11. Les chefs d'escadron sont responsables envers leur lieutenant-colonel, de tout ce qui concerne la discipline, l'instruction, le service et la tenue de leur bataillon ou de leur demi-régiment.

Transmission hiérarchique des rapports, demandes, etc.

Art, 12. Les demandes, rapports, etc., concernant les militaires placés sous leurs ordres, leur sont soumis ; ils s'assurent de leur régularité, y inscrivent leur avis motivé s'il y a lieu, et les adressent au lieutenant-colonel de leur arme.

Les chefs d'escadron transmettent ces pièces directement au chef de légion, lorsque le lieutenant-colonel est absent ou indisponible.

Visite des magasins.

Art. 13. Les chefs d'escadron concourent avec les chefs d'escadron des corps de cavalerie de la place, pour la visite mensuelle des magasins à fourrages.

Service de semaine.

Art. 14. Un chef d'escadron de chaque arme est commandé pour le service de semaine.

Rapport journalier.

Art. 15. Les chefs d'escadron de semaine assistent chaque jour au rapport, à moins d'ordre contraire du colonel.

Visite des casernes.

Art. 16. Les chefs d'escadron de semaine visitent fréquemment les cours, les corridors, les escaliers, les cantines, les cuisines, les réfectoires, l'infirmerie, les salles de discipline, les écuries et généralement les locaux d'un usage commun à plusieurs compagnies ou escadrons. Ils s'assurent que toutes les prescriptions réglementaires et les consignes particulières données par le colonel sont exécutées.

*Capitaine commandant provisoirement un bataillon
ou un demi-régiment.*

Art. 17. Un capitaine commandant provisoirement un bataillon ou un demi-régiment, concourt avec les chefs d'escadron pour le service de semaine. Il est exempt du service de semaine de capitaine.

Il s'abstient de visiter les casernes dans lesquelles il y a un capitaine de semaine plus ancien que lui, et, le cas échéant, vise, pour simple transmission, les rapports établis par ce capitaine.

Détachements.

Art. 18. Les détachements, quelle que soit leur force, sont composés et commandés conformément aux dispositions des articles 44 et 45 du décret du 4 octobre 1891 sur le service des places.

En principe, les chefs d'escadron ne marchent qu'avec les militaires de leur arme, si l'importance de la mission à remplir l'exige ; mais si le détachement est composé de militaires des deux armes, ils concourent, à tour de rôle, pour ce service. A la rentrée de leur détachement, ils adressent directement au colonel un rapport indiquant les événements survenus, l'heure où le service a commencé et celle à laquelle il a fini. Ils y joignent les rapports des officiers placés sous leurs ordres. Lorsqu'ils se trouvent sous les ordres d'un lieutenant-colonel, le rapport est adressé à cet officier supérieur, qui le transmet avec le sien au colonel.

MAJOR.

Attributions spéciales.

Art. 19. Le major est chargé de tout ce qui est relatif au recrutement du corps. Il porte, en outre, une attention particulière à ce qui concerne la surveillance à exercer sur la tenue du registre relatif à la statistique des familles des militaires du corps.

CAPITAINE INSTRUCTEUR OU CAPITAINE EN REMPLISSANT LES FONCTIONS.

Attributions.

Art. 20. Le capitaine instructeur est chargé, sous la surveillance du lieutenant-colonel de cavalerie :

1° De l'instruction, tant à pied qu'à cheval, des nouveaux admis, jusqu'à l'école d'escadron exclusivement ;

2° De la direction spéciale du peloton des élèves brigadiers ;

3° De la direction du cours d'hippologie fait aux sous-officiers, brigadiers et aux gardes candidats.

4° Du dressage des jeunes chevaux.

5° Du perfectionnement de l'instruction équestre des lieutenants et des sous-lieutenants de la cavalerie.

Un des brigadiers attachés à l'instruction est à la disposition du capitaine instructeur pour la tenue des écritures.

Le capitaine instructeur remet au lieutenant-colonel de cavalerie, du 1er au 5 de chaque mois, un rapport :

1° Sur l'instruction des nouveaux admis ;

2° Sur l'instruction des lieutenants et sous-lieutenants, des sous-officiers, brigadiers et gardes candidats et du peloton modèle ;

3° Sur l'instruction des jeunes chevaux en dressage.

Le lieutenant-colonel transmet au colonel, avec son avis motivé, le rapport du capitaine instructeur.

Instruction de l'infanterie.

Art. 21. Le capitaine instructeur est chargé, en outre, de l'instruction équestre des officiers d'infanterie, de l'instruction théorique et pratique de cavalerie et du cours d'hippologie des officiers d'infanterie et des sous-officiers de cette arme, candidats au grade de sous-lieutenant, sous la surveillance du lieutenant-colonel d'infanterie.

Il lui remet, du 1er au 5 de chaque mois, un rapport sur ces différentes instructions.

Par qui remplacé.

Art. 22. En cas d'absence, le capitaine instructeur est toujours remplacé par un capitaine désigné par le colonel. Ce capitaine est exempt de service de semaine et de distribution des fourrages.

ADJUDANTS-MAJORS.

Bureau de service.

Art. 23. Le fonctionnement du bureau de service, à l'état-major de la légion, est assuré chaque semaine par deux capitaines adjudants-majors ; l'un est de petite semaine, l'autre de grande semaine.

Le premier de ces services précède toujours le second.

Adjudant-major de grande semaine.

Art. 24. L'adjudant-major de grande semaine est chargé de

commander tout le service du corps, et de préparer la correspondance du chef de légion avec les différentes autorités.

Il est l'officier-adjoint du colonel sous les ordres immédiats duquel il est placé.

Il est responsable, envers le colonel seul, de l'exécution du service ainsi que de la transmission des ordres qui y sont relatifs.

Il commande tous les services journaliers et éventuels, prépare, à cet effet, tous les ordres nécessaires et les transmet dans les casernes, après les avoir soumis à l'approbation du colonel.

Il est chargé de la tenue du registre des ordres du jour du corps, de la place et du gouvernement militaire de Paris, spécial à l'état-major, et, toutes les semaines, il collationne, avec les maréchaux des logis fourriers, les différents registres d'ordre et de discipline.

Il établit, à la fin de chaque mois, la répartition mensuelle du service par caserne, en tenant compte des effectifs de chacune d'elles.

Il a sous ses ordres, pour l'aider dans son travail, un maréchal des logis, deux gardes secrétaires, un planton, ainsi qu'un brigadier d'ordres qui se rend, chaque jour de rapport, à l'état-major de la place.

En cas d'urgence, il est autorisé à se servir de tous les secrétaires présents à l'état-major de la légion.

Tous les matins, aussitôt après l'arrivée des plantons des casernes et postes, il procède au dépouillement des rapports des différents services exécutés pendant les vingt-quatre heures. Il établit le rapport général d'après les situations journalières des compagnies et escadrons ; il se rend à l'heure fixée au rapport du colonel, et reçoit les ordres du chef de légion pour préparer la décision du jour.

Il accorde les changements de tour de service entre les lieutenants.

Tous les samedis, il fait remettre aux officiers supérieurs entrant en semaine, l'état nominatif et par caserne, des officiers prenant la semaine avec eux.

Il surveille le service téléphonique et télégraphique de la légion, qui est assuré à l'état-major du corps, par deux gardes télégraphistes.

Adjudant-major de petite semaine.

Art. 25. L'adjudant-major de petite semaine supplée l'adjudant-major de grande semaine. Il accompagne le colonel dans tout service extérieur.

Il est à la disposition du chef de légion pour remplir les missions et procéder aux enquêtes qui lui sont confiées.

Il se rend au rapport du colonel, le matin du jour où il prend le service de grande semaine.

Mobilisation.

Art. 26. Un adjudant-major est chargé de la tenue du journal de mobilisation de la légion et de toutes les opérations qui s'y rattachent.

Surveillance des cantines.

Art. 27. Un adjudant-major surveille l'administration des cantines, dont il vérifie les comptes aux époques indiquées par le colonel.

Surveillance de l'instruction des tambours, clairons et trompettes.

Art. 28. Un adjudant-major de chaque arme, est désigné pour diriger l'instruction des tambours et clairons et des trompettes ; il s'assure que les répétitions et les écoles ont lieu aux heures et jours indiqués par le tableau de travail.

Détachements.

Art. 29. Les adjudants-majors ne concourent pas avec les autres capitaines pour le service de détachement ; mais ils sont commandés pour accompagner, à tour de rôle, le lieutenant-colonel de leur arme, comme il est dit à l'article 10.

De plus, les adjudants-majors d'infanterie marchent avec leur bataillon constitué, lorsqu'ils sont disponibles.

Visite des postes et ronde des théâtres.

Art. 30. Les adjudants-majors concourent avec les autres capitaines pour les services de visite des postes et des rondes de théâtres.

SERVICE DE SANTÉ.

MÉDECINS.

Art. 31. Le médecin-chef est chargé de la direction et de la surveillance du service de santé ; il adresse chaque jour au colonel un rapport général résumant le service de santé des différentes casernes, et lui rend compte immédiatement de tout accident grave.

Les médecins doivent leurs soins à tous les militaires du corps, à leurs femmes et à leurs enfants. Ils concourent avec les autres médecins des corps de la place, pour les différents services commandés par les soins de l'état-major de la place.

PHARMACIENS.

Art. 32. Sous l'autorité du médecin-chef, le pharmacien-major dirige la pharmacie.

Les médicaments qu'il distribue sont ceux des nomenclatures réglementaires.

Aucune substance, en dehors de ces nomenclatures, n'est délivrée sans un ordre du médecin-chef.

Les médicaments sont remis, en tout temps, aux intéressés sur un bon signé du médecin du corps.

SERVICE VÉTÉRINAIRE.

CERTIFICATS A DRESSER, ETC.

Art. 33. Les vétérinaires concourent avec leurs collègues des corps de cavalerie de la garnison, pour les différents services commandés par la place.

Le vétérinaire chef de service, a la direction de l'infirmerie, de la pharmacie vétérinaire et de la maréchalerie de la légion.

Il dresse les certificats pour les chevaux susceptibles d'être réformés d'urgence, pour la constatation des blessures reçues par les chevaux dans un service commandé, etc,, et donne son avis motivé sur les propositions de réforme faites par les capitaines commandants.

Il propose au colonel, par la voie du rapport, toutes les mesures hygiéniques destinées à prévenir ou à combattre les affections contagieuses.

OFFICIERS DE COMPAGNIE ET D'ESCADRON.

CAPITAINES.

Statistique des familles.

Art. 34. Les capitaines font tenir un registre destiné à recevoir les inscriptions prescrites à l'article 19 du présent règlement (statistique des familles).

Revues trimestrielles d'habillement.

Art. 35. Les capitaines passent une revue générale d'habillement, d'équipement, etc., du 5 au 9 du dernier mois de chaque trimestre, et en adressent le résultat au major, le 10 du même mois.

Solde chez le trésorier.

Art. 36. Les capitaines, pour toucher la solde chez le trésorier et la répartir aux ayants droit de leur compagnie ou escadron, se conforment aux dispositions du règlement du 12 avril 1893.

En cas d'absence pour cause de service ou de maldadie, le capitaine est remplacé par le plus ancien lieutenant sous ses ordres.

Militaires manquant aux appels.

Art 37. Dès qu'un militaire manque aux appels, le capitaine le fait rechercher et prend tous les renseignements nécessaires pour arriver à le découvrir et à le faire arrêter.

Il adresse au colonel un rapport faisant connaître les résultats de son enquète ainsi que l'emploi du temps de l'homme pendant l'absence illégale. A l'expiration des délais réglementaires, le capitaine adresse au major le signalement n° 1 de l'homme déclaré déserteur.

Assignations

Art. 38. Les capitaines veillent à ce que les hommes, assignés comme témoins devant les tribunaux, ne soient empêchés par aucun service, le jour désigné pour l'audience.

Chevaux des hommes absents.

Art. 39. Les chevaux des hommes absents pour un certain temps, peuvent être confiés à des hommes démontés, en se conformant à l'article 134 du règlement sur le service intérieur de la gendarmerie départementale.

Objets dont les chambrées doivent être pourvues.

Art. 40. Les capitaines veillent à ce que chaque chambrée soit constamment pourvue :

1° D'un gobelet en métal ; 2° d'une cruche ; 3° d'une gamelle ; 4° d'un miroir ; 5° d'ustensiles d'éclairage ; 6° d'une charrue pour les bufletteries ; 7° de tinettes en zinc pour les bains de pieds ; 8° de balais et d'ustensiles nécessaires pour l'entretien des chambrées ; 9° d'un arrosoir ; 10° des pancartes réglementaires et particulières au corps.

Indépendamment de ces objets, chaque compagnie ou escadron est pourvu de deux scies avec deux chevalets, deux merlins, deux jeux de marque et une boîte grillée et fermée servant à afficher le service ou les communications dont la notification aux unités a été prescrite par le colonel.

(Cette boîte doit être placée dans l'endroit le plus apparent du casernement de la compagnie ou de l'escadon.)

La cavalerie a, en outre, un certain nombre de paires d'embauchoirs pour les bottes fortes.

Habillement, armement et literie des nouveaux admis.

Art. 41. Dès que les nouveaux admis ont été acceptés, le capitaine, commandant l'unité, leur fait prendre mesure d'effets et distribuer l'armement. La literie est distribuée dans les cinq jours qui suivent l'incorporation.

Tours de service.

Art. 42. Les capitaines concourent par caserne, pour le service de semaine, et sur tout le corps, pour le service de détachement, les visites des postes, les rondes, etc. (Art. 51, 52, 53, 57 du présent règlement.)

Distribution du bois et du charbon.

Art. 43. Un capitaine d'infanterie est commandé à tour de rôle, pour la distribution du bois et du charbon.

Distribution des fourrages.

Art. 44. Chaque semaine, un capitaine de cavalerie est commandé à tour de rôle pour la distribution des fourrages.

En cas d'empêchement, il est remplacé par le lieutenant de semaine de son escadron.

Capitaine de semaine.

Art. 45. Dans chaque caserne, un capitaine est commandé pour le service de semaine.

Lorsqu'il y a moins de trois capitaines pour concourir au service de semaine, ils sont suppléés, dans ces fonctions, par le plus ancien des lieutenants de semaine, pour un ou deux tours, selon le cas.

Les fonctions du capitaine de semaine sont celles du capitaine adjudant-major de semaine (infanterie) et celles du capitaine de semaine (cavalerie), définies par le décret du 20 octobre 1892 sur le service intérieur des corps de troupe.

Responsabilité du capitaine de semaine.

Art. 46. Le capitaine de semaine est responsable de tous les détails du service.

Cet officier devant toujours marcher avec sa compagnie ou son escadron, s'il est obligé de s'absenter de la caserne pour un service commandé, il se fait remplacer par le plus ancien lieutenant de semaine, auquel il donne ses instructions. S'il a besoin de s'absenter pour affaires personnelles, il en demande l'autorisation à son chef d'escadron de semaine et est remplacé de la même manière.

En cas d'urgence, le capitaine de semaine rend compte à son che d'escadron de semaine qui s'est fait remplacer.

Surveillance du capitaine de semaine.

Art. 47. Le capitaine de semaine surveille les écoles et salles d'armes en ce qui concerne la police et la tenue des hommes ; il visite les cantines, pensions et réfectoires ; il s'assure que l'éclairage des cours, corridors et écuries ne laisse rien à désirer.

Eau potable.

Art. 48. Si l'eau potable vient à manquer, le capitaine de semaine fait prévenir l'officier chargé du casernement, qui fait immédiatement toutes les démarches nécessaires pour obtenir la quantité d'eau suffisante aux besoins de la caserne et rend compte au major en cas de difficultés.

Rapport du capitaine de semaine.

Art. 49. Tous les matins, à l'heure fixée, le capitaine de semaine fournit au colonel son rapport spécial, avec toutes les pièces qui ont été remises à l'adjudant par les chefs des différents services de la caserne.

Services éventuels.

Art. 50. Pour tout évènement grave et urgent, ordres et réquisitions des autorités, etc., entraînant la formation immédiate d'un détachement, le capitaine de semaine fait connaître sans retard au colonel, les mesures qu'il a prises en ce qui concerne la force, la mission, l'heure de départ du détachement et le nom de celui qui le commande; il indique, s'il est possible, la nature de l'événement qui a motivé le service.

Service de détachement.

Art. 51. Les capitaines des deux armes concourent ensemble pour le service de détachement et se conforment à ce qui est dit à l'article 18 pour les chefs d'escadron. Le capitaine de détachement, placé sous les ordres d'un officier supérieur, lui adresse son rapport, après y avoir joint ceux des chefs des détachements sous ses ordres.

Visite des postes.

Art. 52. Les capitaines de compagnie et d'escadron, ainsi que les adjudants-majors des deux armes, concourent ensemble pour le service de visite des postes occupés par la légion et celui de ronde des théâtres.

Les capitaines de visite des postes se conforment, pour ce service, au règlement sur le service des places; ils s'assurent, en outre, que la théorie prescrite a été faite aux hommes, que les consignes sont bien connues et comprises, que la quantité de combustible d'économie est régulièrement portée sur la feuille destinée à cette inscription.

Ils portent une attention particulière au bon entretien du poste, des écuries et du mobilier. Ils signalent, sur leur rapport, les défectuosités de nature à nécessiter une démarche du commandement auprès de l'administration compétente.

Ils indiquent l'heure de leur passage sur le rapport du chef de poste et sur le leur.

L'heure du commencement de la visite, qui varie chaque jour, est indiquée par le colonel sur la lettre de service adressée à l'officier commandé, avec la liste des postes qu'il doit visiter.

Ronde des théâtres.

Art. 53. Les capitaines de ronde des théâtres, se conforment aux prescriptions de l'article 64 de l'instruction du 30 avril 1883, sur le service journalier et municipal de la garde républicaine; ils s'assurent que les consignes sont bien exécutées.

Il font mention, dans leur rapport, de tout ce qu'ils remarquent de contraire au service et des observations et plaintes qui peuvent leur être faites par les chefs d'établissements. Ils indiquent l'heure de leur passage sur le rapport du chef de poste et sur le leur.

La liste des théâtres à visiter est jointe à la lettre de service que le colonel adresse au capitaine de ronde.

Ordonnances à cheval pour escorter les capitaines de visite des postes.

Art. 54. Les capitaines de visite appartenant à des casernes où il n'y a point de cavalerie, demandent par écrit, une ordonnance à l'adjudant de la caserne où se trouve l'escadron chargé de la leur fournir; ils indiquent l'heure à laquelle cette ordonnance devra aller les prendre.

LIEUTENANTS ET SOUS-LIEUTENANTS.

Surveillance spéciale.

Art. 55. Les officiers de peloton veillent à ce que les nouveaux admis soient promptement instruits, par les sous-officiers et brigadiers, sur tous les détails du service spécial; ils les interrogent souvent pour s'assurer de leurs progrès.

Ces officiers surveillent les dépenses journalières que les hommes peuvent faire à la cantine.

Ils s'appliquent, tout particulièrement, à connaître le caractère, la conduite, les mœurs de leurs subordonnés.

Service de semaine.

Art. 56. L'officier de semaine vérifie chaque jour, après la parade, le registre de service du maréchal des logis de semaine, et s'assure, en le signant, que tous les services ordonnés pour la journée sont inscrits, les hommes nominativement désignés, ainsi que le poste pour lequel chacun est commandé.

Tours de service.

Art. 57. Pour les différents services, les lieutenants sont commandés à tour de rôle, dans l'ordre suivant :

1° Les gardes ; 2° les détachements pour les services d'ordre ; 3° les piquets ; 4° les services d'honneur ; 5° les visites des postes; 6° les députations.

Service de garde.

Art. 58. Les lieutenants et sous-lieutenants concourent, à tour de rôle, dans chaque arme, pour le service de garde ; mais ils ne marchent qu'avec les militaires de leur arme.

Ils assistent à la parade, à la tête du poste qu'il commandent, que celui-ci soit fourni ou non par leur caserne.

Service de piquet.

Art. 59. Le service de piquet est assuré conformément aux dispositions de l'article 48 du décret du 4 octobre 1891 sur le service des places et des instructions générales de la place de Paris.

Visite des postes.

Art. 60. Les lieutenants et sous-lieutenants concourent ensemble, et à tour de rôle, pour la visite des postes occupés par la légion :

Ils ne visitent que les postes commandés par les sous-officiers et brigadiers, et se conforment, en ce qui les concerne, aux prescriptions de l'article 52 du présent règlement.

Service de détachement

Art. 61. Les lieutenants et sous-lieutenants, dans chaque arme, pour le service de détachement, se conforment aux prescriptions des articles 18 et 51 du présent règlement.

Détachements imprévus,

Art. 62. Dans les services imprévus et immédiats, l'officier de piquet marche avec le premier détachement. A défaut d'officier de piquet, le détachement est commandé par le plus ancien officier de semaine présent, appartenant à l'arme qui compose ce détachement. Les officiers, à moins de circonstances exceptionnelles, ne doivent par marcher deux fois de suite. Un tour est marqué à tout officier sorti de la caserne à la tête d'un détachement.

Service d'ordre.

Art. 63. Pour les services d'ordre, les lieutenants et sous-lieutenants donnent connaissance de leur consigne à leurs sous-officiers, désignent un point de réunion, établissent leur service et vérifient ensuite si chacun est à son poste et si les consignes sont bien comprises ; ils surveillent l'ensemble de leur service, se tiennent en vue et se présentent aux officiers supérieurs et capitaines, sous les ordres desquels ils sont placés, chaque fois que ceux-ci passent à leur portée, afin de recevoir leurs ordres.

Exécution des consignes.

Art. 64. Les officiers font exécuter les consignes, en recommandant à leurs subordonnés fermeté et politesse tout à la fois.

Si quelques modifications doivent être apportées aux consignes, elles sont indiquées par les commissaires de police et officiers de paix, qui en prennent toute la responsabilité. Toutefois, les officiers de service, bien que témoignant à ces fonctionnaire de la déférence et de la conciliation, ne souffrent pas qu'ils exercent un commandement sur la troupe.

Casernement.

Art. 65. Un lieutenant ou sous-lieutenant, dans chaque caserne, est chargé de tout ce qui est relatif au casernement, sous la direction du major, auquel il rend compte de tous les travaux à exécuter ou en cours d'exécution et de leur achèvement, en y joignant ses observations.

Revue mensuelle.

Art. 66. Indépendamment de la visite trimestrielle du casernement, prescrite par le décret du 20 octobre 1892 sur le service intérieur des corps, l'officier de casernement, accompagné des fourriers, passe chaque mois dans tout le casernement, pour constater les réparations à faire exécuter.

Le résultat de cette revue mensuelle est consigné dans son rapport au major.

Si, dans l'intervalle de ces revues, des réparations urgentes deviennent nécessaires, l'officier de casernement peut s'adresser directement au service du génie, en rendant compte immédiatement au major. Les officiers chargés du casernement se conforment d'ailleurs, en ce qui concerne leur service spécial, aux prescriptions ministérielles en vigueur.

Armement.

Art. 67. Un lieutenant est chargé de l'armement de toute la légion ; il se conforme aux dispositions du règlement spécial du 30 août 1884.

SOUS-OFFICIERS, BRIGADIERS, GARDES.

ADJUDANTS.

Fonctions diverses.

Art. 68. Les fonctions de l'adjudant sont de trois sortes :
Adjudant de bataillon ou de demi-régiment ;
Adjudant de caserne ;
Adjudant de compagnie.

ADJUDANTS DE BATAILLON OU DE DEMI-RÉGIMENT.

Attributions.

Art. 69. Ils commandent les fourriers de leur bataillon ou demi-régiment, à tour de rôle, pour le service de semaine de bataillon ou de demi-régiment ; ce service consiste dans l'établissement journalier d'un relevé de situation, établi en deux expéditions, destinées au chef d'escadron et au lieutenant-colonel.

Ils informent leur chef d'escadron et leur adjudant-major, des décisions prises par le colonel.

Ils réunissent les pièces du bataillon ou du demi-régiment, qui doivent être soumises au visa du chef d'escadron, et en assurent l'envoi au lieutenant-colonel.

Ils transmettent chaque soir, au bureau de service, les situations journalières des compagnies ou escadrons, ainsi que les pièces de toute nature.

Ils tiennent à jour le registre d'ordres de leur bataillon ou demi-régiment, ainsi que le recueil des décisions permanentes.

Les adjudants d'infanterie marchent toujours avec leur bataillon constitué.

ADJUDANTS DE CASERNE.

Attributions.

Art. 70. Les adjudants de caserne ont, comme les adjudants de bataillon, ccommandement et autorité sur les adjudants de compagnie.

Ils ont les obligations des adjudants de semaine et sont placés sous les ordres directs du capitaine de semaine, auquel ils rendent compte de tout ce qui se passe à l'intérieur de la caserne, ainsi que de l'exécution du service.

Les fonctions d'adjudant de caserne sont remplies par les adjudants de bataillon ou de demi-régiment, s'il y a lieu, par les adjudants de compagnie, ou même, à défaut de ces derniers, par des maréchaux des logis chefs désignés par le colonel.

En l'absence du capitaine et de l'officier de semaine, l'adjudant de caserne est responsable de la tenue et du départ de tout détachement ou poste qui sort de la caserne et qui lui est présenté par l'adjudant de compagnie conformément à l'article 90 du présent règlement ou par le maréchal des logis de semaine.

Tout sous-officier, brigadier ou garde chef d'un détachement, rentrant après un service effectué, rend compte à l'adjudant de caserne de son arrivée ainsi que des événements survenus pendant ce service. Après l'appel du soir, il se présente au poste du maréchal des logis de garde, qui rend compte le lendemain à l'adjudant de caserne.

Police des casernes.

Art. 71. L'adjudant de caserne est chargé de la police générale et des services communs à toutes les compagnies ou escadrons. Il veille à l'exécution de la consigne générale pour la garde de police donnée par la place, ainsi qu'à celle des consignes du corps.

Il tient : 1° le contrôle des sous-officiers et brigadiers servant à commander le service individuel : 2° l'état des sous-officiers et brigadiers de semaine ; 3° le registre des hommes punis. A l'appel du soir, il remet le registre des entrants au maréchal des logis de garde, ainsi que le rapport de police ; il surveille la tenue de ces documents.

Chaque vendredi, il envoie, à l'adjudant-major de semaine, le relevé des services à fournir par la caserne ; ce relevé est ensuite remis au capitaine prenant la semaine.

Il envoie, le jeudi, au bureau de service, l'état des officiers entrant en semaine dans la caserne. Le samedi matin, il affiche dans la salle du rapport, ou au poste de police, la liste des offi-ciers, sous-officiers et brigadiers de semaine, ainsi que le nom et l'adresse du médecin de semaine.

Eclairage général.

Art. 72. Il s'assure que l'éclairage des cours, corridors, escaliers et écuries fonctionne avec régularité ; que le concierge de la caserne et le maréchal des logis de garde exécutent, chacun en ce qui le concerne, les consignes particulières qui leur sont données.

Dans le cas où l'éclairage viendrait à manquer, il envoie cher-cher le préposé de l'administration du gaz chargé de ce service et rend compte au capitaine de semaine et à l'officier chargé du casernement.

Rapports.

Art. 73. Il réunit chaque matin toutes les pièces et rapports de la caserne et les fait porter à l'état-major du corps, à l'heure prescrite.

Cantines, pensions et réfectoires

Art. 74. L'adjudant de caserne fait de fréquentes visites dans les cantines, pensions et réfectoires, pour s'assurer de la façon dont ils sont tenus ; il empêche les gardes de jouer de l'argent. Il est responsable de cette surveillance envers le capitaine et le chef d'escadron de semaine.

Remplacement.

Art. 75. L'adjudant de caserne absent est remplacé dans son service par le plus ancien adjudant, ou, à défaut de celui-ci par le plus ancien maréchal des logis chef de la caserne.

Il a soin, dans ce cas, de donner à celui qui le remplace, toutes les instructions et consignes nécessaires.

Ronde des théâtres et bals publics.

Art. 76. Tous les adjudants du corps, ainsi que les maréchaux des logis chefs faisant fonctions d'adjudant, concourent entre eux pour le service de ronde dans les théâtres et bals publics.

Ils s'assurent de la bonne tenue des hommes qui y sont de ser-vice ainsi que de l'exécution des consignes, et reçoivent les plain-tes ou réclamations. Ce service est rétribué par les chefs d'éta-blissement, conformément au tarif arrêté par le préfet de police.

Le montant de cette rétribution est partagé mensuellement entre les intéressés et proportionnellement à l'importance de leurs fonctions, tous frais généraux déduits.

Service des adjudants.

Art. 77. Les adjudants de bataillon et de demi-régiment, qui comptent au petit état-major et qui doivent constamment diriger et surveiller l'exécution de tous les services dans leur caserne, ne montent pas la garde; mais tous les adjudants de compagnie participent à leur tour à ce service.

Répartition du service.

Art. 78. Le dernier jour du mois, l'adjudant de chaque caserne reçoit, de l'adjudant-major de grande semaine, la situation mensuelle du service que sa caserne doit fournir le mois suivant. Il transcrit cette situation sur un registre spécial et y ajoute tous les services supplémentaires qui ont pu survenir dans le courant du mois.

Le dernier jour de chaque semaine il règle, avec les adjudants de compagnie et les maréchaux des logis chefs, la répartition de tous les services à fournir pendant la semaine suivante, en tenant compte de l'effectif de chaque compagnie ou escadron.

Soins à prendre en commandant le service.

Art. 79. Les adjudants commandent le service de manière que chaque poste soit composé d'hommes de la même compagnie ou du même escadron. Pour les théâtres et les bals, ils font partir les détachements assez tôt pour qu'ils soient rendus à leur poste, une demi-heure avant l'ouverture des bureaux.

Les adjudants lisent tous les jours les affiches des théâtres, afin de connaître les établissements qui font relâche et de n'y point envoyer de service.

Tours de service.

Art. 80. Les tours de service sont établis ainsi qu'il suit :
Pour l'infanterie : 1° la garde; 2° le piquet; 3° les théâtres et les bals.
Pour la cavalerie : 1° la garde à cheval; 2° la garde à pied et la garde d'écurie; 3° le piquet; 4° les théâtres et les bals.
Les deux armes concourent ensemble pour la garde de police et le service des théâtres.

Plantons à la police.

Art. 81. Tous les jours, du réveil à l'appel du soir, un homme, par compagnie et escadron, est de planton au corps de garde. Le service de ces plantons consiste à porter les différents rapports, à conduire les étrangers qui se rendent dans les ménages logés à la caserne, à appeler les sous-officiers et gardes qui sont demandés à la porte, etc., etc.

En cas d'insuffisance du nombre des plantons dans les cesernes à faible effectif, un ou deux hommes fournis par le piquet, sont adjoints au service des plantons pour les courses à l'intérieur.

Transmission des ordres et des décisions.

Art. 82. A moins de circonstances exceptionnelles, l'adjudant de caserne n'assiste que le dimanche au rapport général ; il y est remplacé les autres jours par le gradé désigné pour ce service dans chaque caserne.

Au retour de ce gradé, l'adjudant communique le rapport au capitaine de semaine, assure l'exécution des ordres urgents et va, sans perdre de temps, communiquer les ordres et décisions aux officiers de l'état-major logés dans sa caserne. Il les fait communiquer à ceux logés en ville par un brigadier fourrier ou à défaut par un brigadier désigné à cet effet.

Le maréchal des logis, secrétaire du bureau de service, est chargé de communiquer les ordres et décisions aux officiers logés à l'hôtel de l'état-major de la légion.

Chaque semaine, au jour fixé par le colonel, les fourriers se rendent à l'état-major du corps ; ils portent avec eux leurs livres d'ordres, cahiers de rapport, registres de punitions et cahiers de décisions permanentes, qui sont vérifiés et contrôlés par le capitaine adjudant-major de grande-semaine.

Remplacement de service.

Art. 83. L'adjudant accorde les remplacements de service aux sous-officiers et brigadiers ; il en rend compte au capitaine de semaine.

Les intéressés rendent compte à l'adjudant ou au maréchal des logis chef de leur compagnie, de l'autorisation qui leur a été accordée.

Services éventuels.

Art. 84. Les services éventuels, ordonnés par l'état-major, sont commandés en dehors des piquets ; l'adjudant les répartit, à tour de rôle, par fractions constituées, entre les compagnies ou les escadrons de sa caserne.

Hommes de peine.

Art. 85. L'adjudant surveille les hommes de peine chargés de porter au dehors les repas des hommes de service, ainsi que les employés civils des cantinières.

Mot d'ordre.

Art. 86. En l'absence du capitaine de semaine, l'adjudant donne le mot d'ordre aux chefs de poste des théâtres et des bals.

Devoirs après l'appel du soir.

Art. 87. A l'heure fixée il fait fermer les cantines. Il est responsable, envers le capitaine de semaine, de la tranquillité de la caserne. Pendant la nuit, il fait des rondes et en fait faire par le maréchal des logis et le brigadier de garde.

Il fait faire les contre-appels que les chefs d'escadron et les capitaines de semaine ont ordonnés; il peut en prescrire de sa propre autorité, si des circonstances particulières en démontrent la nécessité, et il en rend compte le lendemain matin au capitaine de semaine.

Batteries ou sonneries du service journalier.

Art. 88. Les heures des différentes batteries ou sonneries sont indiquées au tableau du service journalier arrêté par le colonel; l'adjudant est responsable de leur exécution.

ADJUDANTS DE COMPAGNIE.

Devoirs généraux.

Art. 89. L'adjudant de compagnie autorise les changements de tour de service entre les gardes, mais avec mesure, de manière à éviter le surmenage et rend compte à l'officier de semaine.

L'adjudant de compagnie fait partie du piquet chaque fois qu'un peloton de la compagnie est commandé pour ce service.

Dans les compagnies où il n'y a qu'un seul officier, il alterne, pour le service de semaine, avec cet officier qu'il remplace toujours en cas d'absence ou d'empêchement.

Rassemblements.

Art. 90. L'adjudant de compagnie préside à la réunion de tout détachement de sa compagnie au-dessus de dix hommes; il le présente, avant son départ, à l'inspection de l'adjudant de caserne si ce détachement n'a pas été inspecté par un officier.

Contrôle pour commander le service.

Art. 91. Afin qu'aucun poste ne se trouve totalement composé de nouveaux amis, le contrôle pour commander le service est établi par compagnie dans l'ordre successif des escouades; le plus ancien garde prend le n° 1 du contrôle, le moins ancien le n° 2, le deuxième plus ancien le n° 3, l'avant-dernier par rang d'ancienneté le n° 4, et ainsi de suite,

Ce contrôle, qui est établi par l'adjudant de compagnie, doit se renouveler chaque trimestre. Les hommes arrivés dans cet intervalle sont intercalés de distance en distance sur la liste.

Pour les tours de service, l'adjudant se reporte à ce qui est prescrit à l'article 80.

Adjudant commandé de surveillance.

Art. 92. Chaque jour un adjudant est commandé pour surveiller la tenue, en ville, des gendarmes et gardes ainsi que la marche des détachements appartenant à la légion. Tous les adjudants de la légion concourent à ce service.

MARÉCHAUX DES LOGIS CHEF.

Cahier du maréchal des logis chef. — Appel du soir.

Art. 93. Le maréchal des logis chef est pourvu d'un cahier spécial sur lequel les décisions et le service sont inscrits. Il présente le cahier tous les jours, lorsque le rapport a paru, au visa de son capitaine, et le fait présenter de suite par un brigadier, sous la responsabilité du maréchal des logis de semaine, au visa des officiers de la compagnie ou de l'escadron. Il assiste à l'appel du soir et le rend au capitaine de semaine.

Dans l'infanterie, il alterne, pour cet appel, avec l'adjudant de compagnie.

Dans la cavalerie, il alterne avec le maréchal des logis de semaine.

Contrôle pour commander le service.

Art. 94. Les maréchaux des logis chefs de cavalerie se conforment, à ce sujet, à ce qui est prescrit aux adjudants de compagnie (art. 91), en établissant le contrôle par peloton.

Rapports et imprimés.

Art. 95. Toutes les pièces de comptabilité ou autres, doivent être établies d'après les formats ou imprimés adoptés par le corps; il est interdit aux maréchaux des logis chefs de vendre ou céder aux gardes les imprimés que le règlement met à la charge de ces derniers.

Nouveaux admis.

Art. 96. Les maréchaux des logis chefs d'infanterie adressent, dans les vingt-quatre heures, au capitaine chargé de l'instruction des nouveaux admis, un bulletin indiquant les noms des nouveaux admis, la date de leur arrivée au corps et le régiment d'où ils sortent.

Dans la cavalerie, les maréchaux des logis chefs adressent un bulletin semblable au capitaine instructeur ou au capitaine qui en fait fonctions.

Les maréchaux des logis chefs des deux armes veillent à ce que les nouveaux admis soient porteurs de leur ancien livret lorsqu'ils se présentent à la visite du médecin, afin que celui-ci puisse prendre la date de la revaccination.

MARÉCHAUX DES LOGIS.

Maréchal des logis de semaine.

Art. 97. Le maréchal des logis de semaine n'est commandé pour aucun autre service. Il tient le registre journalier, sur lequel il inscrit, avec le plus grand soin, les noms des hommes de service et les noms des postes qui leur sont assignés. Il inscrit également les ordres et décisions qui concernent exclusivement sa compagnie ou son escadron ; il le signe et le soumet, à l'heure de la parade, au visa du lieutenant de semaine.

Décisions et ordres.

Art. 98. Les décisions du rapport et les ordres, qui arrivent dans la journée, sont communiqués aux lieutenants par un brigadier, sous la responsabilité du maréchal des logis de semaine.

Ce brigadier laisse une note au logement des officiers, lorsqu'il ne les trouve pas, pour leur communiquer les ordres arrivant dans la journée.

Maréchal des logis de garde.

Art. 99. Tous les maréchaux des logis de la même caserne concourent, par arme, pour le service de garde.

Les fonctions du maréchal des logis de garde sont définies par les décrets sur le service des places et sur le service intérieur des corps de troupe.

Rapport.

Art. 100. Le maréchal des logis de garde à la police remet tous les matins à l'adjudant son rapport particulier des vingt-quatre heures, comprenant : 1° la force du poste et le nom des hommes qui le composent ; 2° le tableau indiquant l'heure de la rentrée des divers services de jour ou de nuit ; 3° les dégrada-tions ; 4° les rondes de jour ou de nuit faites par lui ou le briga-dier de garde, ainsi que les heures de ces rondes ; 5° les heures de départ et de rentrée des détachements extraordinaires, ainsi que les noms des commandants de ces détachements ; 6° un tableau signalant les sous-officiers et autres permissionnaires rentrés en retard ; 7° l'heure de départ et d'arrivée des ordon-nances et plantons ; 8° l'heure de rentrée des hommes manquant aux appels et leurs observations sur ces hommes ; 9° les arresta-tions faites par le poste, etc., etc.

Militaires prenant le service avant le réveil.

Art. 101. Le maréchal des logis de garde à la police est chargé de faire éveiller les militaires qui ont à faire un service de nuit, les plantons dont on peut avoir besoin, etc., par des hommes de garde, appartenant autant que possible, à la même compagnie ou au même escadron. A cet effet, les maréchaux des logis de semaine remettent, chaque soir, à l'appel au maréchal des logis de garde, le nom des militaires à éveiller, le numéro de leur chambre et l'heure de leur service.

Repas des hommes de service.

Art. 102. Le maréchal des logis de garde s'assure que les hommes de peine, chargés par l'adjudant de porter au dehors le repas des hommes de service, sortent bien exactement à l'heure fixée.

Propreté du quartier.

Art. 103. Pour la propreté du quartier, le maréchal des logis de garde à la police, emploi les hommes de peine de la caserne.

Il s'assure que les boîtes à ordures sont déposées par eux dans la rue avant le passage des tombereaux et rentrées, également par eux, dès qu'elles ont été vidées, lorsque les tombereaux du service municipal n'entrent pas dans le quartier pour l'enlèvement direct des ordures.

Maréchal des logis de planton à la porte.

Art. 104. Le maréchal des logis de planton à la porte alterne, pour ce service, avec le maréchal des logis de garde à la police. Dans les casernes à faible effectif in n'est pas commandé de maréchal des logis de planton ; ce service est assuré alternativement par le maréchal des logis et le brigadier de garde à la police.

L'adjudant de semaine fixe à chacun d'eux, les heures auxquelles ils doivent se relever.

Compte rendu à l'adjudant de semaine.

Art. 105. Le maréchal des logis de service à la porte, informe sur-le-champ l'adjudant de semaine, des visites d'officiers supérieurs et lui rend compte de tout ce qui peut intéresser le service ou la police.

Entrée des liquides destinés aux cantines.

Art. 106. Le maréchal des logis de planton à la porte, prend note de l'entrée de tous les liquides destinés aux cantines.

Détachements.

Art. 107. Lorsque les maréchaux des logis sont chefs d'une

fraction de détachement, ils adressent leur rapport à l'officier sous les ordres duquel ils sont placés; lorsqu'ils commandent un détachement indépendant, ils transmettent leur rapport directement au colonel en se conformant à l'article 18 du présent règlement et, en cas d'évènement grave, à l'article 28 de l'instruction du 30 avril 1883 sur le service municipal.

Service des théâtres et bals.

Art. 108. Les sous-officiers, de service dans les théâtres et bals, se conforment aux prescriptions du chapitre III de l'instruction du 30 avril 1883 sur le service municipal,

FOURRIERS.

Fourrier de semaine de bataillon ou de demi-régiment.

Art. 109. Un fourrier est commandé de semaine dans chaque bataillon ou demi-régiment; il aide l'adjudant à établir le double de la situation journalière du bataillon ou du demi-régiment, qui est adressée aux chefs d'escadron et lieutenants-colonels.

BRIGADIERS-FOURRIERS.

Devoirs généraux.

Art. 110. Le brigadier fourrier seconde le maréchal des logis fourrier dans ses fonctions, selon les ordres du maréchal des logis chef, et le remplace en cas d'absence. Il prend part aux exercices d'instruction et aux théories.

Distribution.

Art. 111. Le brigadier fourrier assiste à la distribution des fourrages et des denrées perçus aux frais commun. Il fait connaître au maréchal des logis de semaine le nombre d'hommes à commander pour ces distributions et en prend le commandement quand ils sont réunis.

Il reçoit les distributions et il est responsable de toute erreur. Il ramène à la caserne les hommes de corvée et fait la répartition de ce qu'il a reçu.

Registre d'ordres.

Art. 112. Il tient le registre d'ordres et le présente à la signature des officiers de la compagnie ou de l'escadron.

Au jour et à l'heure fixés, les brigadiers fourriers se rendent à l'état-major du corps pour y faire vérifier le registre des punitions, le registre d'ordres, le cahier du rapport et celui des décisions permanentes.

Semaine.

Art. 113. Les brigadiers fourriers alternent avec les maréchaux des logis fourriers pour le service de semaine.

Pension.

Art. 114. Ils prennent pension avec les sous-officiers.

Cas d'absence.

Art. 115. En cas d'empêchement ou d'absence, le brigadier fourrier est remplacé dans son service par un brigadier désigné par le capitaine commandant. Il en est de même s'il remplace le maréchal des logis fourrier absent; le capitaine en rend compte sur la situation journalière.

BRIGADIERS.

Instruction des nouveaux admis.

Art. 116. Les brigadiers doivent diriger avec la plus grande sollicitude les nouveaux admis; ils les forment aux usages et au service du corps, les instruisent sur les diverses parties du service intérieur et extérieur et leur enseignent, selon l'arme, la manière de placer les effets sur les planches, de rouler le manteau et la pèlerine en sautoir et de les plier pour les mettre sur le cheval, de paqueter le havresac, de charger le cheval, etc.

Placement des effets dans les chambres.

Art. 117. Le placement des effets dans les chambres est réglé d'après les principes établis par les instructions ministérielles en vigueur pour les corps de troupe.

Le tableau en est arrêté par le colonel et affiché dans tous les locaux occupés par la troupe.

Brigadiers mariés.

Art. 118. Les brigadiers mariés logés en ville ou en caserne ne cessent, dans aucun cas, d'être responsables des devoirs de chambrée auxquels sont assujettis les autres brigadiers, tels que : appels, tenue de leur escouade, etc.

Dépenses communes au compte de la troupe.

Art. 119. Les dépenses qui sont payées en commun, sont :
1° Le combustible pour le chauffage des chambrées en hiver;
2° Le salaire mensuel des hommes de peine;
3° Le blanc;

4° L'éclairage;

5° L'achat et le remplacement, d'après une autorisation du colonel, des ustensiles mentionnés à l'article 40 du présent règlement.

Visite du médecin.

Art. 120. Lorsque le médecin vient le matin passer la visite, le brigadier de semaine lui remet le cahier des malades et lui présente les hommes; il le conduit dans les chambres des célibataires et dans le casernement des ménages, lorsque les malades ne peuvent se rendre à la salle de visite.

Les femmes et les enfants ont la faculté de se faire visiter dans leur logement.

Service des théâtres et bals.

Art. 121. Les brigadiers se conforment, pour ces services, à ce qui est dit dans le chapitre III de l'instruction du 30 avril 1883 sur le service municipal.

GARDES.

Gardes mariés.

Art. 122. Les gardes mariés logés en ville ou en caserne doivent assister, dans leur chambrée, et à leur rang, aux appels, revues, corvées, etc., comme tous les autres gardes.

Gardes employés aux manèges.

Art. 123. Deux cavaliers de la légion sont désignés comme gardiens de manège. Ils sont remontés de telle manière que eurs chevaux puissent être utilisés pour le service du manège (hersage, arrosage, etc.)

DEVOIRS GÉNÉRAUX ET COMMUNS AUX DIVERS GRADES.

Rapport journalier.

Art. 124. Tous les jours, ainsi qu'il est prescrit dans le service intérieur des corps de troupe, les maréchaux des logis chefs présentent à leur capitaine la situation-rapport des vingt-quatre heures.

Avant d'être envoyées aux adjudants de bataillon ou de demi-régiment, les situations sont communiquées à l'adjudant de semaine de chaque caserne, qui prend note des punitions infligées.

Chaque adjudant, secondé par un fourrier de semaine, établit en double expédition, pour son bataillon ou son demi-régiment, une situation qu'il signe et qu'il envoie à son chef d'escadron et à son lieutenant-colonel d'arme.

Les situations-rapports des compagnies et escadrons sont transmises par les adjudants au bureau de service, où elles doivent arriver chaque soir, à l'heure fixée, pour servir à l'établissement de la situation-rapport de la légion.

Un gradé désigné dans chaque caserne et, chaque jour, se rend le matin au bureau du service à l'heure fixée par le tableau de travail, pour représenter au rapport les unités de sa caserne.

Les officiers de tout grade ne doivent jamais s'absenter de leur logement, de leur caserne ou du mess, sans avoir pris connaissance des décisions du rapport.

Visite des officiers arrivant au corps ou promus à un grade supérieur dans le corps.

Art. 125. Les officiers qui arrivent au corps ou sont promus à un grade supérieur dans le corps, et les sous-officiers promus sous-lieutenants, se présentent sans retard au colonel et au lieutenant-colonel de leur arme.

Aussitôt qu'ils sont habillés et en état de prendre leur service, ils en rendent compte par la voie du rapport. Le colonel donne alors des ordres pour reconnaître ces officiers qui se conforment, pour leurs visites officielles, au règlement sur le service intérieur des corps de troupe.

Logement des officiers.

Art. 126. Le colonel, le major, le médecin-major chef du service de santé, le capitaine-trésorier et l'adjoint au trésorier sont logés, dans le bâtiment réservé à l'état-major du corps et disposé en même temps pour recevoir les bureaux du colonel, du major, du trésorier, la salle du rapport et celle du conseil d'administration.

Un médecin, le pharmacien et le vétérinaire en premier sont toujours logés dans les casernes où sont établies les infirmeries et la pharmacie du corps.

Les logements d'officiers, dans les casernes, sont répartis entre les deux armes de manière qu'il y ait, dans chaque arme et pour chaque grade, la même proportion d'officiers subalternes logés.

Un tableau, établi d'après ce principe, fixe la répartition, par arme, des logements d'officiers pour toutes les casernes de la légion.

Le droit au logement est déterminé, selon le grade, d'après la date d'arrivée dans la légion et dans l'arme.

Le colonel n'autorise qu'exceptionnellement les échanges de logements, qui ne sauraient avoir lieu, du reste, qu'entre officiers du même grade et de même arme et en sauvegardant les droits de l'ancienneté.

Lorsqu'un logement devient vacant, le choix en appartient à l'officier le plus anciennement logé, où, à son défaut, au premier ayant droit au logement.

Si, avec le consentement du colonel, un officier renonce au logement auquel son ancienneté lui donne droit, il ne prend rang, pour y prétendre de nouveau, que du jour de sa renonciation.

Dans le cas où un logement vacant ne serait demandé par personne, il est imposé au dernier officier arrivé, de l'arme et du grade auxquels ce logement est affecté.

Les commandants de caserne règlent la façon dont sont entretenus les escaliers et autres lieux communs des pavillons occupés par les officiers.

Logement des sous-officiers, brigadiers et gardes.

Art. 127. Tous les sous-officiers de la légion sont logés dans les casernes ; ils choisissent leur logement d'après leur ancienneté de grade. Les brigadiers fourriers choisissent après les maréchaux des logis.

Le droit au logement pour les brigadiers et gardes est déterminé d'après la date d'arrivée dans la légion et dans l'arme.

L'ancienneté de ceux qui ont quitté la légion par convenance personnelle ne compte, pour le droit au logement, que du jour de leur réadmission.

Lorsque le plus ancien des brigadiers ou gardes portés au tableau de propositions, refuse le logement, il perd le bénéfice de son ancienneté et prend la gauche des candidats à compter du jour de sa renonciation.

Les brigadiers et gardes de toutes les casernes, concourent indistinctement pour tous les logements de troupe affectés à leur arme. Il est tenu compte des charges de famille et du nombre d'enfants des intéressés.

Aussitôt qu'un logement devient vacant, le commandant de compagnie ou d'escadron en rend compte au major, qui en informe les chefs d'escadron.

Ceux-ci établissent chacun un état indiquant le plus ancien brigadier ou garde marié de leur bataillon ou demi-régiment. Cet état est envoyé au major qui le transmet, avec ses observations, au lieutenant-colonel d'arme.

Les lieutenants-colonels présentent leurs propositions au colonel qui statue.

Casernes consignées.

Art. 128. Chaque fois que les casernes sont consignées, tous les militaires du corps, dès qu'ils en ont connaissance, rentrent dans leurs casernes.

Les officiers s'y rendent également en tenue de service et tous se tiennent prêts à marcher.

Ordonnances à cheval.

Art. 129. Les officiers faisant un service à cheval, sont toujours escortés par un cavalier, qui est commandé conformément à l'article 54 du présent règlement.

Ordonnances des officiers.

Art. 130. Les gardes employés comme ordonnances auprès des officiers supérieurs, des capitaines et assimilés, sont exempts de service.

Ceux employés auprès des lieutenants, sous-lieutenants et assimilés, ne font que le service de garde de police et celui de piquet de caserne. Quant leurs obligations spéciales l'exigent, le chef du poste ou du piquet, peut leur permettre de s'absenter momentanément.

En cas de service d'ordre ou de prise d'armes, ces ordonnances marchent toujours avec leurs officiers.

Tous les gardes, choisis comme ordonnances, doivent avoir au moins six mois de présence à la légion.

INCENDIES ET SINISTRES.

Prescriptions générales.

Art. 131. Dès qu'un incendie ou un autre sinistre est siglalé, le capitaine de semaine se conforme aux instructions spéciales de la place.

Il consigne immédiatement la caserne et fait prévenir les officiers de piquet et de semaine, qui doivent prendre le commandement des détachements.

L'adjudant de semaine réunit en même temps les hommes de piquet et rassemble les pelotons qui doivent marcher comme travailleurs.

Pendant la nuit, les hommes rentrant du service des théâtres, bals, soirées, etc., ceux commandés de garde pour le lendemain, ne marchent pas pour le service d'incendie, à moins de nécessité absolue.

Devoirs de l'officier ou du sous-officier chef de détachement.

Art. 132. L'officier le plus élevé, en grade, ou, à grade égal, le plus ancien de ceux qui se trouvent réunis sur le théâtre de l'incendie, ou le sous-officier chef de détachement, se concerte, dès son arrivée, avec les autorités présentes, civiles et militaires.

Il prévient, sans retard, le bureau de service de la gravité du sinistre, des dispositions qu'il a prises et des éventualités qu'il prévoit pour le renouvellement des détachements.

Devoirs des militaires armés ou non armés arrivés sur le lieu de l'incendie.

Art. 133. Les militaires en armes qui se trouvent à l'incendie, sont exclusivement chargés de faire la police et de surveiller les objets qui sont déposés sur la voie publique; les piquets de travailleurs sont principalement chargés de former la chaîne pour le transport de l'eau et d'aider s'il y a lieu, à la manœuvre des pompes.

Les militaires ne doivent jamais pénétrer dans les maisons pour déménager les meubles sans être formellement requis par les commissaires de police ou les officiers de paix présents sur les lieux ou les chefs des maisons incendiées.

Rapport du chef de détachement.

Art. 134. Après le renvoi des détachements, chaque officier ou sous-officier commandant se conforme aux prescriptions des articles 51, 61 et 107 du présent règlement. Il signale, sur son rapport, l'heure de son arrivée, l'heure de son départ, le nom du propriétaire de la maison incendiée, le nom de la rue et le numéro de la maison. Il indique les accidents survenus, les militaires qui se sont distingués par leur intelligence, leur zèle et leur dévouement, ceux qui ont reçu des blessures, ceux enfin dont les effets auraient été détériorés par le fait du service et auxquels il délivre, dans les vingt-quatre heures, un certificat constatant la nature des pertes ou détériorations.

Il mentionne également le nombre des militaires qu'il aurait été obligé de laisser sur les lieux du sinistre, pour le maintien de l'ordre, au moment du renvoi des détachements.

Ces instructions sont également applicables en cas de sinistre quelconque.

INSTRUCTION.

Officiers et sous-officiers désignés pour l'instruction militaire des nouveaux admis.

Art. 135. Le 1er janvier de chaque année, le colonel désigne un capitaine (commandant de compagnie ou adjudant-major) qui instruit les nouveaux admis de l'infanterie avec le concours d'un certain nombre d'officiers et de sous-officiers.

Ce capitaine adresse, du 1er au 5 de chaque mois, un compte rendu au lieutenant-colonel, qui le transmet au colonel avec son avis motivé.

L'instruction théorique et pratique des nouveaux admis de la cavalerie est traitée dans le paragraphe 1er de l'article 20 du présent règlement. Des officiers et des sous-officiers sont désignés pour seconder le capitaine instructeur ou le capitaine qui en fait fonctions.

Passage des hommes à l'école de bataillon ou d'escadron.

Art. 136. Lorsque le capitaine chargé spécialement, dans l'infanterie, de l'instruction des nouveaux admis, et le capitaine instructeur pour la cavalerie jugent les hommes suffisamment instruits, ils en rendent compte au lieutenant-colonel d'arme, qui, après examen, propose au colonel le passage à l'école de compagnie ou d'escadron.

Instruction équestre des officiers et des sous-officiers d'infanterie.

Art. 137. Un cours pratique d'instruction de cavalerie, est suivi par les officiers de l'infanterie de la légion. Un cours de même nature est également suivi par les sous-officiers de cette arme, proposés ou susceptibles d'être proposés pour officiers. Les uns et les autres prennent les chevaux qu'ils doivent monter parmi ceux désignés dans l'escadron qui fournit ce service à la compagnie à laquelle ils appartiennent.

Les sous-officiers qui suivent les cours des candidats au grade de sous-lieutenant, ne sont jamais commandés de service les jours où il y a instruction équestre.

SERVICE DES ÉCOLES.

Fonctionnement.

Art. 138. Ce service fonctionne de la manière suivante :

Il y a trois sortes de cours :

1º Le cours d'enseignement mutuel ou cours primaire de compagnie et d'escadron;

2º Le cours préparatoire;

3º Le cours supérieur.

Ces deux derniers sont dirigés et surveillés par le capitaine directeur des écoles.

Cours d'enseignement mutuel.

Art. 139. Ce cours a pour objet de développer l'instruction des hommes peu lettrés et de les mettre en mesure de bien remplir leurs fonctions de gardes ou de gendarmes.

Il est fait sous la direction et la responsabilité des capitaines commandants, d'après les ordres de détails donnés par le colonel.

Les exemptions de ce cours sont accordées dans les conditions déterminées par le colonel.

Les livres et fournitures d'école, nécessaires aux hommes qui suivent le cours d'enseignement mutuel sont délivrés, le premier jour de chaque mois, aux compagnies et escadrons, par les soins du capitaine directeur, sur des bons réguliers signés par les capitaines commandants.

Cours préparatoire.

Art. 140. Les cours préparatoires sont suivis :

1e Facultativement par les sous-officiers, brigadiers et gardes qui ont perfectionné leur instruction au cours d'enseignement mutuel ;

2° Obligatoirement par les sous-officiers, brigadiers et gardes inscrits au tableau d'avancement, ainsi que par ceux qui sont présentés pour l'avancement par les capitaines commandants.

Le colonel arrête le programme des matières enseignées.

Cours supérieur.

Art. 141. Ce cours comprend les matières indiquées dans le programme ministériel du 31 juillet 1879.

Il est suivi :

1° Par les sous-officiers proposés pour le grade de sous-lieutenant ou susceptibles de l'être ;

2° Par les élèves signalés au colonel comme capables de passer du cours préparatoire au cours supérieur.

Les élèves qui suivent le cours supérieur, ne sont pas commandés de service les jours de leçons.

Personnel.

Art. 142. La surveillance générale des écoles, en ce qui concerne les cours préparatoire et supérieur qui sont confiés à des lieutenants ou sous-lieutenants professeurs, appartient à l'un des lieutenants-colonels du corps désigné par le colonel.

Ce lieutenant-colonel est secondé par un capitaine également désigné par le colonel et qui prend le titre de directeur des écoles. Celui-ci a sous ses ordres les officiers professeurs pour tout ce qui concerne leur service spécial.

Pour assurer le fonctionnement régulier des nombreuses parties du service des écoles (tenue des salles) garde du matériel, chauffage, achats, distributions, inventaires, comptabilité, soins aux bibliothèques, ouvertures des salles en dehors des heures de cours, etc.), le personnel de troupe nécessaire est adjoint au capitaine directeur et aux lieutenants professeurs.

Les gradés ou gardes désignés sont, sur la proposition du lieutenant-colonel chargé de la surveillance générale, exemptés d'une partie de leur service par le colonel.

Le capitaine directeur des écoles n'est exempt d'aucun service,

Les lieutenants-professeurs sont dispensés :

1º Celui du cours supérieur, du service de garde et de visite des postes.

2º Ceux du cours préparatoire, de la visite des postes en tout temps et de là garde, chaque fois seulement que leur tour de ce service coïncide avec les jours de cours.

Toutes ces exemptions cessent à l'époque de la suspension annuelle des cours.

ESCRIME.

Enseignement de l'exercice.

Art. 143. L'enseignement de l'escrime est divisé en deux parties :

1º L'enseignement élémentaire;

2º L'enseignement supérieur ou de perfectionnement.

Ce dernier est facultatif, sauf toutefois pour les candidats au grade de brigadier, de sous-officier et de sous-lieutenant, qui doivent tous être en mesure de faire assaut. Il est donné, d'autre part, aux hommes qui, après avoir terminé les leçons, désirent continuer la pratique de l'escrime, qui ne doit jamais être d'ailleurs complètement abandonnée.

L'enseignement se donne, dans les deux armes, conformément aux prescriptions du Manuel d'escrime du 18 mai 1877.

Tous les hommes, au-dessous de 40 ans, qui ne sont pas suffisamment instruits, doivent prendre une leçon par semaine.

Il est établi, à cet effet, un contrôle nominatif dans chaque compagnie et escadron.

Après examen, les militaires du corps qui justifient de la connaissance des principes élémentaires contenus dans l'instruction ministérielle de 1877, sont rayés des contrôles des salles d'armes s'ils ne demandent pas à rester inscrits pour les leçons de perfectionnement.

Le capitaine directeur de l'enseignement désigne les maîtres et prévôts qui donnent des leçons dans les diverses casernes.

Un lieutenant-colonel est chargé de la surveillance générale.

TENUE. — PAQUETAGE.

Prescriptions générales. — Tableau des tenues.

Art. 144. La tenue et le paquetage prescrits pour les différents services sont détaillés dans le tableau qui fait l'objet du présent article.

Pour les prescriptions d'une application générale, se reporter aux articles 202, 204 à 219, 222 et 223 du règlement sur le service intérieur de la gendarmerie.

DÉSIGNATION DES TENUES	INFANTERIE, CHEF ET SOUS-CHEF DE MUSIQUE		OFFICIERS ET
	NON MONTÉS	MONTÉS	
TENUE DU MATIN (Cette tenue est portée jusqu'à une heure de l'après-midi. Les dimanches et fêtes, la troupe ne la porte que jusqu'au repas du matin.)	Képi, Tunique sans épaulettes, Pantalon d'ordonnance, Petites bottes.	Képi, Tunique sans épaulettes, Pantalon d'ordonnance avec sous-pieds, petites bottes avec éperons. *ou* Culotte bleue avec grandes bottes.	
TENUE DU JOUR (Cette tenue est portée à partir de une heure de l'après-midi.)	Képi, Tunique sans épaulettes, Pantalon d'ordonnance, Petites bottes, Epée avec dragonne.	Képi, Tunique sans épaulettes, Pantalon d'ordonnance avec sous-pieds, Petites bottes avec éperons, Epée avec dragonne.	
GRANDE TENUE (Cette tenue est portée : 1° Les dimanches et fêtes à partir de une heure par les officiers, et après le repas du matin pour la troupe; 2° Quand l'ordre en est donné par le chef de légion ou par le commandement.)	Képi, Tunique avec épaulettes et aiguillettes (contre-épaulettes pour le chef et le sous-chef de musique), Pantalon d'ordonnance, Petites bottes, Epée avec dragonne.	Képi, Tunique avec épaulettes et aiguillettes. Pantalon d'ordonnance avec sous-pieds, Petites bottes avec éperons, Epée avec dragonne *ou* sabre avec dragonne à gland d'or.	
TENUE de **SERVICE** } à pied.	Shako avec pompon, Tunique avec épaulettes et aiguillettes (contre-épaulettes pour le chef de musique), Pantalon d'ordonnance, Petites bottes, Epée avec dragonne. (On prend le revolver quand l'ordre en est donné)	Shako avec pompon, Tunique avec épaulettes et aiguillettes. Pantalon d'ordonnance avec sous-pieds, Petites bottes avec éperons, Sabre avec dragonne en cuir. (On prend le revolver quand l'ordre en est donné.)	

ADJUDANTS	SOUS-OFFICIERS, BRIGADIERS, GARDES ET MUSICIENS	
CAVALERIE	INFANTERIE	CAVALERIE
Képi, Tunique sans épaulettes, Pantalon d'ordonnance avec sous-pieds, petites bottes avec éperons. *ou :* Culotte bleue avec grandes bottes.	Képi, Tunique pour les gradés, Veste pour les gardes, Pantalon, Petites bottes.	Képi. Tunique pour les gradés, Veste pour les gardes, Pantalon avec sous-pieds, Petites bottes avec éperons.
Képi, Tunique sans épaulettes, Pantalon d'ordonnance avec sous-pieds, Petites bottes avec éperons. Epée avec dragonne ou sabre avec ceinturon et dragonne en cuir noir.	Chapeau, Tunique avec trèfles et aiguillettes, Pantalon, Petites bottes, Epée-baïonnette, *ou* épée pour les gradés (avec dragonne pour les maréchaux des logis chefs.)	Chapeau, Tunique avec trèfles et aiguillettes, Pantalon avec sous-pieds, Petites bottes avec éperons, Sabre avec dragonne, ou épée pour les gradés (avec dragonne pour les maréchaux des logis chefs.
Même tenue que les officiers d'infanterie montés.	Même tenue que la tenue du jour.	Même tenue que la tenue du jour.
Casque, Tunique avec épaulettes et aiguillettes, Pantalon d'ordonnance avec sous-pieds, Petites bottes avec éperons, Ceinturon en cuir noir, Sabre avec dragonne en cuir, (Lorsque la troupe a le revolver, les officiers et les adjudants le prennent également.)	Shako avec pompon, Tunique avec trèfles et aiguillettes, Pantalon, Petites bottes, Epée-baïonnette (épée avec dragonne pour les maréchaux des logis chefs), (Les hommes prennent la giberne chaque fois qu'ils ont le fusil, les maréchaux des logis chef prennent le revolver, capote ou pèlerine en sautoir. Le cas échéant, havresac garni avec capote ou pèlerine par dessus. Les musiciens portent le ceinturon d'épée et la banderole de giberne en cuir verni noir.)	Casque, Tunique avec trèfles et aiguillettes, Pantalon avec sous-pieds, Petites bottes avec éperons, Giberne, Sabre avec dragonne, (Les hommes prennent la baïonnette quand ils ont la carabine. Le révolver n'est porté que quand l'ordre en est donné.)

DÉSIGNATION DES TENUES	OFFICIERS ET	
	INFANTERIE, CHEF ET SOUS-CHEF DE MUSIQUE	
	NON MONTÉS	MONTÉS
TENUE de SERVICE — à cheval.		Shako avec pompon, Tunique avec épaulettes et aiguillettes, Culotte bleue, Bottes à la Condé.
		Sabre avec dragonne en Revolver avec son étui, Harnachement avec tapis tenue, Manteau ou pèlerine dans
GRANDE TENUE de service — à pied.	Shako avec plumet, Tunique avec épaulettes et aiguillettes (contre-épaulettes pour le chef et le sous-chef de musique), Pantalon d'ordonnance, Petites bottes, Épée avec dragonne.	Shako avec plumet, Tunique avec épaulettes et aiguillettes, Pantalon d'ordonnance avec sous-pieds, Petites bottes avec éperons, Sabre avec dragonne à gland d'or.
(La grande tenue de service n'est prise que pour les visites de corps et lorsqu'elle est ordonnée pour les revues, prises d'armes et certains services d'honneur.) — à cheval.		Shako avec plumet, Tunique avec épaulettes et aiguillettes, Culotte bleue, Bottes à la Condé, Sabre avec dragonne à gland d'or, Revolver avec son étui, Harnachement avec tapis, fontes et chaperons de grande tenue. Manteau ou pèlerine dans l'étui ou l'aux-manteau.

(1) NOTA. — Lorsque la pèlerine est placée dans l'étui on peut augmenter le remplissage en ajoutant un bourgeron qui est mis dans l'une des fontes si la pèlerine est dépliée. Un deuxième rang d'anneaux pour les agrafes, peut être cousu sur l'étui afin d'en diminuer la capacité.

ADJUDANTS	SOUS-OFFICIERS, BRIGADIERS, GARDES ET MUSICIENS	
CAVALERIE	INFANTERIE	CAVALERIE
Casque, Tunique avec épaulettes et aiguillettes, Culotte bleue, Bottes fortes, Ceinturon en cuir noir. cuir, fontes et chaperon de 2° l'étui, ou faux manteau.		Casque, Tunique avec trèfles et aiguillettes, Culotte bleue, Bottes fortes, Giberne, Sabre avec dragonne, Revolver avec son étui, Harnachement avec tapis, fontes et chaperons, pèlerine ou manteau plié en portefeuille et renfermé dans l'étui (1). La couverture est toujours placée sous le tapis (le gros pli de la couverture sur le garrot.) (La carabine et sa baïonnette ne sont portées que quand l'ordre en est donné.)
Casque avec plumet (aigrette pour le colonel), Tunique avec épaulettes et aiguillettes, Pantalon d'ordonnance avec sous-pieds, Petites bottes avec éperons, Ceinturon en buffle blanc, sabre avec dragonne (à gland d'or pour les officiers et en buffle blanc pour les adjudants.)	Shako avec plumet, Tunique avec trèfles et aiguillettes. Pantalon, Petites bottes, Epée-baïonnette (épée avec dragonne pour les maréchaux des logis chefs).. Giberne, Fusil (revolver pour les maréchaux des logis chefs). Havresac garni avec capote ou pèlerine par-dessus. Les musiciens portent le ceinturon porte-épée et la banderolle de giberne en buffle blanc.)	Casque avec plumet, Tunique avec trèfles et aiguillettes, Pantalon avec sous-pieds, Petites bottes avec éperons, Giberne, Sabre avec dragonne, Carabine et baïonnette.
Casque avec plumet, (Aigrette pour le colonel), Tunique avec épaulettes et aiguillettes (pans de tunique relevés en dessus en forme de retroussis). Culotte blanche, Bottes fortes, Ceinturon en buffle blanc, Gants à la crispin, Sabre avec dragonne (à gland d'or pour les officiers et en buffle blanc pour les adjudants). Revolver avec son étui. Harnachement avec tapis fontes et chaperons de grande tenue. Manteau ou pèlerine dans l'étui ou faux manteau.		Casque avec plumet, Tunique avec trèfles et aiguillettes (pans de tunique relevés en dessus en forme de retroussis). Culotte blanche, Bottes fortes, Gants à la crispin, Giberne, Sabre avec dragonne, Revolver avec son étui, Harnachement avec tapis, fontes et chaperons, pèlerine ou manteau plié en portefeuille et renfermé dans l'étui. (La carabine et sa baïonnette ne sont portées que quand l'ordre en est donné.)

PUNITIONS.

Art. 145. Toute faute qui motive une punition de quatre jours de consigne à la chambre ou de huit jours de consigne au quartier (et au-dessus), est l'objet de la part du commandant de la compagnie ou de l'escadron, d'un rapport qu'il établit et adresse sans retard au colonel par la voie hiérarchique, afin de l'éclairer sur les circonstances de la faute commise par le militaire et sur l'emploi de son temps en cas d'absence. Un rapport distinct est établi pour chacun des militaires impliqués dans la même enquête.

Militaire n'ayant pas déclaré, en temps opportun, qu'il était atteint de maladie vénérienne ou cutanée.

Art. 146. Tout militaire atteint d'une affection vénérienne ou cutanée et qui n'a pas déclaré sa maladie en temps opportun, subit une peine disciplinaire à sa sortie de l'hôpital ou de l'infirmerie régimentaire.

CANTINES, PENSIONS ET RÉFECTOIRES.

Prescriptions générales.

Art. 147. Tous les hommes de troupe de la légion vivent en pension, et leur nourriture est assurée, dans chaque caserne, par les soins d'une ou de plusieurs cantinières désignées par le colonel.

Les brigadiers et gardes prennent leurs repas dans les réfectoires, aux heures fixées par le tableau de travail.

Les sous-officiers mangent à part dans les salles qui leur sont spécialement affectées.

Le prix journalier de la pension, qui est payée par quinzaine aux cantinières par les maréchaux des logis chefs, sous la responsabilité des commandants de compagnie ou d'escadron, et celui des divers liquides ou denrées, sont fixés par le colonel sur la proposition d'une commission qui est ainsi composée :

Un lieutenant-colonel, *Président ;*
Deux chefs d'escadron ou bataillon ;
Deux capitaines de compagnie ou d'escadron ;
Le capitaine adjudant-major chargé de la surveillance des cantines ;
Trois lieutenants de compagnie ou d'escadron ;   *Membres.*

Le président et les membres de cette commission sont renouvelés par moitié tous les six mois, à l'exception du capitaine adjudant-major.

Les modèles des registres que doivent tenir les cantinières, sont arrêtés par le chef de légion, qui prescrit les vérifications nécessaires.à opérer par l'adjudant-major chargé de la surveillance administrative des cantines.

Nombre de pensionnaires.

Art. 148. Un billet, signé par le maréchal des logis chef, indiquant pour la journée le nombre des pensionnaires, faisant ressortir le nombre exact des militaires de service et de ceux qui, étant punis ou malades à la chambre, ne peuvent se rendre au réfectoire, est remis la veille au soir, avant 9 heures, à la cantinière, par le brigadier de semaine.

Ce brigadier donne assez à temps, le matin, à la cantinière, communication des plats spéciaux prescrits par le médecin traitant, à certains malades de la compagnie ou de l'escadron.

Il veille à l'envoi des repas des hommes qui sont de service ou qui, étant punis, ne peuvent se rendre au réfectoire.

Repas dans les réfectoires.

Art. 149. Les sous-officiers, brigadiers et gardes doivent prendre leur repas en tenue régulière et la tête découverte.

Le menu du jour est affiché dans chaque réfectoire.

Une consigne spéciale, arrêtée par le colonel, indique tout ce qui est relatif à la composition des repas, à la police des réfectoires et au matériel dont les hommes et les cantinières doivent faire usage.

L'adjudant de semaine visite souvent les cantines, les réfectoires et les pensions de sous-officiers.

Les officiers supérieurs, les capitaines de semaines et les adjudants de caserne s'assurent, de leur côté, de la bonne qualité des denrées, des aliments et des liquides; ils veillent à la propreté des cantines et réfectoires. Ils donnent aux demandes et réclamations des pensionnaires, la suite qu'elles comportent.

Les médecins et le pharmacien du corps s'assurent également de la bonne qualité des aliments, denrées et liquides, que la composition des vases destinés à contenir les substances alimentaires ne renferme aucune matière nuisible ou prohibée, et que l'étamage des récipients est en bon état. Le médecin-chef donne les ordres nécessaires à l'exécution de ces prescriptions et en rend compte mensuellement au chef de légion.

Cantinières.

Art. 150. Les cantinières se conforment, en ce qui concerne la tenue des cantines, le personnel qui y est employé, le matériel dont il est fait usage et tout ce qui est relatif aux pensions, aux prescriptions spéciales en vigueur à la légion, ainsi qu'à celles du service intérieur des corps de troupe.

Ouverture et fermeture des cantines.

Art. 151. Les cantines sont fermées à l'appel du soir et ne sont ouvertes qu'au réveil, à moins d'autorisation exceptionnelle du commandant de caserne.

Abrogation des règlements antérieurs.

Art. 152. Sont abrogés l'instruction du 21 juillet 1889 sur le service intérieur de la garde républicaine et toutes les autres dispositions contraires au présent règlement.

Fait à Paris, le 10 juillet 1897.

Le Ministre de la guerre,

BILLOT.